Wach werden!

Material

nichts nötig

Durchführung

einzeln

Spieldauer

2 bis 4 Minuten

Die Erzieherin fordert die Kinder dazu auf, zu zeigen, dass ihre Körperteile schon wach sind.

Sind die Füße schon wach?	Zeigt mal her.
Sind die Beine schon wach?	Zeigt mal her.
Sind die Finger schon wach?	Zeigt mal her.
Sind die Hände schon wach?	Zeigt mal her.
Sind die Augen schon wach	
Sind die Münder schon wa	
Sind die Bäuche schon wa	
Seid ihr ganz wach?	

Variationen:

Lassen Sie die Übung aus verschiedenen Posen heraus ausführen:

- Du wirst wach, aber du bleibst noch kurz in deinem Bett liegen.
  Du bist noch nicht ganz wach. Du setzt dich auf den Rand deines Bettes.
- Du stehst neben deinem Bett oder vor dem Spiegel im Badezimmer.

Nennen Sie mehrere Körperteile gleichzeitig (= Kombinationen).
Zum Beispiel:

- Sind die Füße und die Beine schon wach?
- Sind die Füße und die Hände schon wach?

Klapp, bumm, taps

Material

nichts nötig

Durchführung

einzeln

Spieldauer

2 Minuten

Die Erzieherin liest ein Gedicht vor und gibt den Kindern die Anweisung, ihre Bewegungen nachzuahmen.

Das Gedicht:

Erst mit den Händen, klapp, klapp, klapp,
dann mit den Füßen, trapp, trapp, trapp.
Beide Hände hoch in die Lüfte
und dann die Hände in die Hüfte.

Hoch auf die Zehenspitzen, tips, tips, taps,
jetzt in die Knie, knicks, knicks, knacks.
Stampft mit den Füßen, bumm, bumm, bumm
und dreht euch einmal ganz herum.
Winkt euch mit den Händen ein „Hallo",
dreht euch hin und her, mal so, mal so.
Jetzt die Hände in die Luft strecken.
Und dann … weg … hinter den Rücken verstecken.

Variation:

Die Kinder machen nicht die Erzieherin nach, sondern die Bewegungen, die sie aus dem Gedicht heraushören.

Regentropfen

Material

evtl. einen
Regenmacher
(= Musikinstrument)

Durchführung

einzeln

Spieldauer

2 bis 5 Minuten

Die Erzieherin gibt vor, dass sich die Finger der Kinder in Regentropfen verwandeln. Die Kinder bekommen die Anweisung, auf das Geräusch der Regentropfen / Finger zu hören und es nachzumachen.

- Es regnet ganz leicht;
- es beginnt stärker zu regnen;
- es regnet sehr stark;
- es beginnt zu donnern;
- es sieht so aus, als ob die Wolken aufeinanderprallen … bumm!
- der Regen wird weniger;
- die Tropfen fallen leiser und leiser;
- ab und zu fällt noch einer auf den Boden;
- der Regenschauer ist ganz vorüber.

Schwierigkeitsgrad steigern:

- Mache das Geräusch des Regenmachers mit den Fingern nach: laut – leise – schnell – langsam – …
- Mache das Regengeräusch nur während der Geschichte.
- Mache mit den Händen das Donnergeräusch und die aufeinanderprallenden Regenwolken nach.

Variationen:

- Die Kinder können die Geräusche auch mit einzelnen Fingern, mit den Händen, mit den Füßen oder mit Stöcken erzeugen.
- Die Erzieherin dirigiert das Regenkonzert.
- Macht zusammen eine Regenwelle (Wellenbewegung).

Der große und der kleine Riese

Material

nichts nötig

Durchführung

einzeln

Spieldauer

2 bis 4 Minuten

Ein Riese ist sehr groß und schwer;
ein Kobold ist sehr klein und leicht.
Wenn ein Riese pustet, ist das sehr laut. Wenn ein Kobold pustet, kann man es kaum hören.
Hört mal hin …!

Variation:

Ersetzen Sie das Wort „pusten" durch:

- gehen,
- mit den Füßen auf den Boden stampfen,
- pfeifen,
- lachen,
- seufzen,
- weinen,
- klatschen,
- mit den Fingern auf den Boden klopfen,
- …

Variationen:

Teilen Sie die Gruppe in Riesen und Kobolde ein. Dirigieren Sie die Gruppe und ändern Sie hin und wieder die Reihenfolge R – K – R – K in zum Beispiel:
R – R – R – K – R – K – K – …

Verwenden Sie für die verschiedenen Anweisungen Symbolbilder. Halten Sie die Bilder abwechselnd hoch. Wechseln Sie auch hier die Reihenfolge ab.

Boogie-Woogie

Material

nichts nötig

Durchführung

einzeln

Spieldauer

2 bis 5 Minuten

Die Erzieherin singt das Lied zu der Melodie von „The Hokey Cokey".

Strecke deine Hand nach vorne,
strecke deine Hand nach hinten,
strecke deine Hand nach vorne
und winke damit.
Ich mach den Boogie Woogie,
denn ich bin so glücklich.
Und … ich spring zur Seite.

Variation:

Ersetzen Sie das Wort „Hand" durch verschiedene Körperteile, wie zum Beispiel:

- Knie
- Ellbogen
- Kopf
- Po
- …

Hallo Freunde!

Material

nichts nötig

Durchführung

in der Gruppe

Spieldauer

2 Minuten

Die Erzieherin gibt den Kindern folgende Anweisungen:

Winke mir (der Erzieherin) zu.
Winke deinen Freunden.
Zwinkert euch zu.
Werft euch eine Kusshand zu.
Umarmt euch.
Gebt euch die Hand.
Hakt euch bei dem anderen ein.
Jetzt schnell auf dem Po sitzen,
leise sein und die Ohren spitzen.

Anmerkungen:

- Stellen Sie die Kinder in zwei Gruppen einander gegenüber auf. Die Kinder begrüßen sich so, wie die Übungsanweisungen es vorgeben.
  Wiederholen Sie diese Bewegungsübung und ermuntern Sie die Kinder dann, einen anderen Freund zu begrüßen.
- Geben Sie eine Anweisung und allen Kindern die Zeit, diese ausführen zu können.
- Geben Sie weitere Anweisungen, aber nennen Sie zum Schluss stets die letzten beiden Sätze.

Wo ist …?

Material

dein Körper

Durchführung

in der Gruppe

Spieldauer

2 bis 4 Minuten

Die Erzieherin singt das Lied auf die Melodie von „Bruder Jakob“. Die Kinder machen die Bewegungen nach.

Verstecke deine Hände hinter deinem Rücken.
Wo ist deine Hand? Wo ist deine Hand?
Hier bin ich. (die eine Hand zeigen)
Hier bin ich. (die andere Hand zeigen)
Zusammen sind wir Freunde.
(Hände zusammenführen)
Zusammen sind wir Freunde.
Ich bin wieder weg.
(die eine Hand hinter den Rücken)
Ich bin wieder weg.
(die andere Hand hinter den Rücken)

Variationen:

- Ersetzen Sie das Wort „Hand“ durch: Daumen, kleiner Finger …
- Kombinieren Sie mehrere Körperteile: Hand und Knie, Hand und Fuß, Fuß und Knie, Hand und Wange …
- Lassen Sie die Körperteile auf verschiedene Arten „aufeinandertreffen“:
  Hände aufeinanderlegen, Hände falten, die Handfläche der einen Hand auf den Rücken der anderen Hand legen, einen oder mehrere Finger miteinander verhaken …
- Lassen Sie die Kinder in Paaren arbeiten:
  Die Hand des einen Kindes trifft die Hand des anderen Kindes, der Fuß des einen Kindes trifft das Knie des anderen Kindes …
- Lassen Sie die Kinder mitsingen, wenn sie das Lied kennen.

Rummeldose

Material

eine kleine Schachtel, gefüllt mit Bildern

Durchführung

einzeln

Spieldauer

2 bis 5 Minuten

Die Erzieherin hat eine Schachtel mit Bildern. Nach dem Gedicht darf „das Kind des Tages" ein Bild aussuchen. Es muss sich das Bild gut ansehen und nachmachen, was auf der Karte steht.

Rummel, Rummel, Rose,
schütteln mit der Dose.
Ohren auf und höre gut,
was das kleine Döslein tut.
Schau kurz hin, was da liegt.
Dose auf, Dose zu.
Das Kind des Tages,
ist das Kind, das aussuchen darf.

Variation:

Der Inhalt der (metallenen) Schachtel hängt von dem Thema der Übung ab. Nachahmen bedeutet daher:
das Verhalten oder das Geräusch nachahmen.

- Tiere: Hund, Katze, Kuh, Schwein …
- Märchenfiguren: die böse Hexe, der kleine Däumling …
- Berufe: Bäcker, Bauer …
- Verben: laufen, springen, kriechen …
- Körperhaltungen: auf Händen und Füßen stehen …
- Bilder im Zusammenhang mit dem jeweiligen Thema
- …

Suchen und Finden

Material

ein Gegenstand (oder mehrere) aus der Gruppe

Durchführung

einzeln

Spieldauer

3 bis 5 Minuten

Die Erzieherin zeigt den Gegenstand, den sie in der Gruppe verstecken wird. Die Kinder dürfen nicht hinsehen, während er versteckt wird.
Wenn die Erzieherin fertig ist, dürfen die Kinder ihn gemeinsam suchen.
Das Kind, das den Gegenstand zuerst findet, darf ihn beim nächsten Mal verstecken.

Variation:
Falls es schnell geht, können mehrere Gegenstände gleichzeitig versteckt werden.

Krabbeltierchen

Material

nichts nötig

Durchführung

einzeln

Spieldauer

2 Minuten

Die Erzieherin erzählt eine Krabbelgeschichte. Die Kinder folgen dem Weg des Krabbeltierchens.

Es juckt dich. Es spaziert ein Krabbeltierchen über deinen Körper. Es krabbelt auf deine Füße. Es kriecht ganz langsam nach oben. Es krabbelt über deine Beine, über deine Knie, über deine Oberschenkel, über deinen Bauch, über deinen Brustkorb. Du findest das nicht mehr lustig. Du versuchst, das Krabbeltierchen mit der einen Hand zu fangen. Die andere Hand folgt dem Krabbeltierchen. Aber das Krabbeltierchen ist sehr schwer zu fangen. Es krabbelt an deinem Hals, dann an deinem Ohr. Auf einmal setzt es sich ganz schnell nieder, denn das Krabbeltierchen ist müde. Es ruht sich auf deinem Knie aus. Du hast es fast erwischt. Plötzlich macht es einen Sprung auf deine Wange. Das Krabbeltierchen krabbelt über dein Gesicht. Du versuchst, es zu fangen, aber es gelingt dir nicht. Es bereitet sich auf einen Riesensprung vor. Es springt auf den Stuhl, dann auf die Mauer, jetzt wieder auf den Tisch und dann auf den Schrank. Das Krabbeltierchen schnappt sich deine andere Hand. Es setzt sich oben auf die zweite Hand. Die Krabbeltierchen kitzeln einander ganz stark. Sie werden müde und gehen schlafen.

Variation:

Die Krabbelbewegungen werden langsam und / oder schnell ausgeführt:
- langsam sprechen = die Anweisung langsam ausführen,
- schnell sprechen = die Anweisung schnell ausführen.

Das Krabbeltierchen kriecht durch den Gruppenraum.

Versetze dich hinein!

Material

nichts nötig

Durchführung

einzeln

Spieldauer

2 Minuten

Die Erzieherin erzählt eine Geschichte, die zum Mitmachen anregt. Die Kinder zeigen ihre Gefühle, ihre Erfahrungen …

Es gibt eine ganz besondere Maus. Es ist eine Zaubermaus. Wisst ihr, warum? Die Zaubermaus kann sich in eine Katze verwandeln, in ein Pferd, in einen Ast und in noch viel mehr. Wollt ihr wissen, was sie heute schon alles gemacht hat?
Hör gut zu und mach mit.
Du bist die Zaubermaus. Die Zaubermaus schaut ängstlich, denn eine Katze ist hinter ihr her.
Uh, da kommt ein Riese und das bist du. Mach dich so groß wie ein Riese. Der Riese schaut nicht nach unten und sieht die Maus nicht, weil er zu den Wolken hinaufsieht.
Auf einmal entdeckt er einen Luftballon in der Luft … und das bist du. Es ist ein schöner, dicker, runder Luftballon. Mach dich so dick wie ein Luftballon. Der Luftballon hängt an einer langen, dünnen Schnur … und das bist du. Es ist eine sehr lange, dünne Schnur … Mach dich so dünn wie die Schnur. Der Riese mag Luftballons und das kann ich an deinem Gesicht sehen. Er streckt sich, um die Schnur zu schnappen, aber … er schafft es nicht. Er springt. Er versucht, noch höher zu springen, aber … er schafft es nicht, weil der Luftballon durch den Wind jetzt höher fliegt. Erst sieht der Riese böse aus, dann traurig … Er setzt sich hin. Da kommt die Maus und das bist du. Die Maus tröstet den Riesen.

Affen äffen Affen nach

Material

nichts nötig

Durchführung

in der Gruppe

Spieldauer

2 bis 5 Minuten

Ein Kind stellt sich in die Mitte und macht die Bewegung eines Affen.
Die anderen Kinder ahmen „den Affen" nach.

Mögliche Bewegungen:
- fest auf den Boden stampfen,
- am Kopf kratzen,
- springen wie ein Affe,
- …

Variation:
Diese Bewegungsübung kann an folgende Themen angepasst werden:

Die Feuerwehr:
- auf eine Leiter klettern,
- mit Wasser spritzen,
- …

Sport:
- Rad fahren,
- laufen,
- …

Plumpsack

Material

(Taschen-)Tuch

Durchführung

in der Gruppe

Spieldauer

2 bis 5 Minuten

Die Kinder sitzen im Kreis.
Die Erzieherin erklärt das Spiel.

… (Kind A) bekommt ein (Taschen-)Tuch und läuft um den Kreis herum, während alle das Lied singen. Am Ende des Liedes lässt … (Kind A) das Taschentuch hinter … (Kind B) fallen. … (Kind A) rennt um den Kreis und muss versuchen, sich auf den Platz von … (Kind B) zu setzen. Wenn das Taschentuch hinter dir auf den Boden fällt, musst du versuchen, das Kind, das vor dir läuft, anzutippen.
Wenn du das schaffst, bist du der nächste Plumpsack.
Wenn du angetippt wirst, musst du dich mitten in den Kreis setzen. Dort darfst du erst wieder heraus, wenn sich ein anderes Kind in die Mitte setzen muss.

Dreht euch nicht herum,
denn der Plumpsack, der geht um.
Wer sich umdreht oder lacht,
kriegt den Buckel voll gemacht.

Wenn jemand angetippt wird, singt ihr:

1, 2, 3 ins faule Ei.

Anmerkung:
Das faule Ei befindet sich
in der Mitte des Kreises.

Kaktus und Blume

Material

nichts nötig

Durchführung

in der Gruppe

Spieldauer

3 bis 5 Minuten

Die Kinder sitzen im Kreis.

Ein Kind geht aus dem Kreis heraus.
Die Erzieherin wählt ein Kind aus dem Kreis als Blume aus; die anderen sind Kakteen.

Das Kind außerhalb des Kreises kommt zurück und setzt sich auf den Schoß eines Kindes im Kreis.
Wenn das Kind, auf dessen Schoß sich das andere Kind gesetzt hat, die Blume ist, gibt sie ihm ein Küsschen.

Ist das Kind ein Kaktus, dann kneift dieses ihm **sanft** in den Po.

Nach drei Versuchen werden die Rollen getauscht.

Rarara

Material

Augenbinde

Durchführung

in der Gruppe

Spieldauer

3 bis 5 Minuten

Einem Kind werden die Augen verbunden und es steht breitbeinig in der Mitte des Kreises.
Die Erzieherin wählt einige Kinder aus.
Diese krabbeln durch die Beine und setzen sich schnell auf ihren Platz.
Das Kind mit den verbundenen Augen muss raten, wie viele Kinder durch seine Beine gekrabbelt sind.

Variation:

Ersetzen Sie „krabbeln" durch:
- auf dem Bauch robben;
- auf dem Rücken liegend kriechen;
- auf Händen und Füßen rückwärtsgehen;
- im Froschsprung;
- …

Schnell und langsam

Material

nichts nötig

Durchführung

einzeln

Spieldauer

2 bis 5 Minuten

Die Kinder sitzen im Kreis, die Gesichter einander oder der Erzieherin zugewandt. Die Erzieherin geht um den Kreis herum und tippt verschiedene Kinder an. Wer angetippt wird, darf auf seinem Platz tanzen. Wenn die Kinder das zweite Mal angetippt werden, müssen sie sich wieder hinsetzen.

Anmerkung:
Sorgen Sie dafür, dass jedes Kind viele Möglichkeiten bekommt, zu tanzen. Es ist wichtig, dass sie sich bewegen und zwischendurch ausruhen können.

Variationen:

- Wenn ein Kind auf den Kopf getippt wird, muss es langsam tanzen. Wenn es auf den Rücken getippt wird, muss es schnell tanzen.
- Erhöhen Sie die Anzahl tanzender Kinder.
- Ein Kind darf (herumgehen und) antippen.
- Die Kinder schließen die Augen, während sie darauf warten, angetippt zu werden.

Der Daumenturm

Material

nichts nötig

Durchführung

zu zweit

Spieldauer

2 bis 5 Minuten

Die Erzieherin demonstriert dieses Spiel mit zwei Kindern. Diese setzen jeweils ihre Daumen aufeinander.

Die beiden Kinder bauen zusammen einen sehr hohen Daumenturm.
… (Kind A) macht eine Faust mit nach oben gestrecktem Daumen und stellt die Faust dann auf den Boden.
… (Kind B) streckt den Daumen hoch und hält den Daumen von … (Kind A) fest.
Dies wird wiederholt. Die vier Hände stehen nun aufeinander.
Dann nimmt … (Kind A) den untersten Daumen weg und hält den obersten Daumen fest. Sie probieren, so hoch zu kommen, wie möglich.

Variationen:

- Der Beginn des Turmes ist auf dem Boden oder auf dem Tisch.
- Der Turm wächst langsamer, wenn die Hände aufeinandergelegt werden.
- Teilen Sie größere Gruppen ein, die aus maximal vier Kindern bestehen. Die Kinder legen zuerst die vier linken und dann die vier rechten Hände aufeinander.

Hände tippen

Material

nichts nötig

Die Kinder stellen sich zu zweit gegenüber auf, die Hände nach vorne ausgestreckt.
Die Hände des einen Kindes sind oberhalb der Hände des anderen. Das Kind versucht, die Hände seines Partners anzutippen, das andere Kind kann die Hände aber auch wegziehen. Trifft das Kind die Hände, werden die Rollen getauscht.

Durchführung

zu zweit

Spieldauer

2 bis 5 Minuten

Warnen Sie die Kinder, dass sie sich gegenseitig nicht zu hart auf die Hände schlagen dürfen.

Stuhlreise

Material

Stühle

Durchführung

einzeln

Spieldauer

2 bis 5 Minuten

Die Erzieherin stellt einen Parcours aus Stühlen auf.
Die Kinder kriechen über und unter die Stühle.

Variationen:

Ändern Sie die Stellung der Stühle:
- die Stühle stehen aufrecht,
- die Stühle liegen:
  - auf der Stuhllehne,
  - auf der Seite,
  - mit den Stuhlbeinen nach oben.

Ändern Sie den Parcours:
- nur über die Stühle,
- nur unter den Stühlen hindurch,
- über und unter die Stühle.

Ändern Sie die Art der Fortbewegung:
- auf dem Bauch / Rücken kriechen;
- auf Händen und Füßen gehen;
- Froschsprung machen;
- auf Händen und Knien fortbewegen;
- …

Kissentanz

Material

Kissen

Durchführung

einzeln

Spieldauer

2 bis 5 Minuten

Die Kinder sitzen auf Kissen in einem Kreis. Wenn die Musik spielt, laufen sie um die Kissen herum. Wenn die Musik stoppt, setzen sie sich schnell auf ein Kissen. Auf jedem Kissen darf nur ein Kind sitzen.

Variationen:

Wenn das Spiel zu schnell geht, nehmen Sie ein Kissen weg. Das Kind, das keinen Platz bekommt, muss eine kleine Bewegungsübung machen, wie zum Beispiel:

- 3 Mal auf ein Kissen springen;
- 3 Mal um ein Kissen herumlaufen;
- 2 Mal auf ein Kissen und wieder herunterspringen;
- 2 Mal über ein Kissen springen;
- 2 Mal ein Kissen hochwerfen und es wieder auffangen;
- …

Wenn auch das schnell geht, nehmen Sie zwei Kissen weg. Die Kinder, die keinen Platz bekommen, müssen eine kleine Bewegungsübung zu zweit ausführen, wie zum Beispiel:

- die Kinder klemmen sich das Kissen zwischen die Stirn und laufen ein Stück zur Seite;
- die Kinder klemmen sich das Kissen zwischen beide Rücken und laufen ein Stück zur Seite;
- die Kinder klemmen sich das Kissen zwischen den Bauch des einen und den Rücken des anderen Kindes und laufen ein Stück rückwärts;
- …

Wir sind Hexen!

Material

nichts nötig

Durchführung

einzeln

Spieldauer

5 Minuten

Die Erzieherin verzaubert die Kinder in Hexen. Sie machen nach, was die Hexen in der Geschichte tun.

Die Hexen schlafen tief und fest. Du hörst sie seufzen. Sie atmen zuerst laut ein … und pusten dann wieder aus. Sie werden wach, recken und strecken sich und gähnen ganz laut. Sie reiben sich ihre Augen. Dann gehen sie zum Bach, um sich zu waschen. Sie fühlen mit den Händen, wie kalt das Wasser ist. Sie stecken ihre Zehen ins Wasser. Vorsichtig steigen sie in den Bach. Das Wasser reicht ihnen bis an die Knöchel, bis an ihre Knie. Sie gehen so weit hinein, bis ihnen das Wasser bis zu ihrem Bauch reicht. Sie strecken ihre Hände nach vorne und tauchen ins Wasser. Sie schwimmen immer und immer weiter im Kreis. Sie fühlen sich schön frisch und steigen wieder aus dem Wasser. Sie schütteln sich wie Hunde; die Tropfen fliegen hin und her.
Jetzt gehen sie sich ihre Zähne putzen. Sie stecken einen Finger ins Wasser. Sie putzen über ihre Zähne: von oben nach unten, von links nach rechts … Sie sind fertig. Sie können jetzt aufbrechen. Sie nehmen ihre Besen und steigen auf. Sie stoßen sich ab und hopp! … fliegen davon. Sie schauen nach unten. Sie wollen neben einem Haus landen. Au, das ging daneben! Der Besen bricht entzwei. Was jetzt? Wenn doch die Menschen nur nichts gehört haben! Sie müssen schnell weg! Sie klemmen sich die beiden Besenstücke unter den Arm und eilen zu Fuß weiter. Plötzlich stehen sie vor einem Bach. Er ist sehr breit! Sie können nicht hinüberfliegen, also müssen sie sehr weit springen. Uff. Geschafft! Aber wo ist ihr Haus? Dann also nach links … durch die Büsche hindurch. Sie dürfen die beiden Besenstücke nicht verlieren! Ah, hier liegen große Äste! Ob sie damit wohl den kaputten Besen reparieren können? Sie drücken die beiden Besenstücke an den Ast und halten sie ganz fest zusammen. Kurz ausprobieren, ob es klappt! Sie machen einen kleinen Sprung mit ihrem Besen. Ja! Sie wackeln etwas! Sie fliegen und fliegen und fliegen … bis zu ihrem Haus. Dort landen sie. Die Hexen legen den kaputten Besen und den neuen Ast neben ihr Bett. Sie sind von diesem Abenteuer sehr müde geworden. Sie kriechen in ihr Bett und schlafen schnell ein.

Rollball

Material

ein Ball

Durchführung

in der Gruppe

Spieldauer

2 bis 5 Minuten

Die Erzieherin teilt die Kinder in zwei Gruppen ein. Eine Gruppe sitzt im Kreis und rollt sich den Ball zu. Die andere Gruppe steht in einem Abstand von ungefähr einem halben Meter um den Kreis herum. Wenn der Ball zu einem Kind gerollt wird, muss das Kind, das hinter ihm steht, einen Schritt nach vorne machen, sodass es hinter dem Rücken des Kindes mit dem Ball steht. Diesem Kind darf jetzt kein Ball mehr zugerollt werden. Wenn alle einmal an der Reihe waren, wird gewechselt.

Variation:
Um die Spieldauer / Wartezeit zu verringern, können Sie einen zweiten Ball ins Spiel bringen.

Macht es mir nach!

Material

nichts nötig

Durchführung

in der Gruppe

Spieldauer

2 bis 5 Minuten

Die Kinder und die Erzieherin sitzen im Kreis auf dem Boden, die Beinen sind nach vorne ausgestreckt und der Körper ist auf die Ellbogen hinter dem Rücken abgestützt. Die Kinder machen die Bewegungen der Erzieherin nach.

Mögliche Bewegungen:

- Fahre mit den Beinen in der Luft Fahrrad;
- hebe die Beine hoch und drehe dich nur auf deinem Po;
- reibe deinen Bauch;
- setze die Fußspitze des einen Fußes an die Knieinnenseite des anderen Beines und umgekehrt;
- setze die Fußspitze des einen Fußes an die Knieaußenseite des anderen Beines und umgekehrt;
- hebe beide Beine hoch, sodass deine Beine senkrecht in die Höhe ragen;
- hebe deine Beine leicht an und drehe sie nach links / rechts;
- hebe deine Beine leicht an und öffne und schließe sie;
- hebe deine Beine leicht an und laufe in der Luft …

Variationen:

- Führe die Übungen langsam oder schnell aus.
- Lassen Sie ein Kind die Rolle der Erzieherin übernehmen.

Weitergeben!

Material

kleine Gegenstände, Stühle

Durchführung

Gruppen von etwa acht Kindern

Spieldauer

2 bis 5 Minuten

Die Kinder werden in drei gleich große Gruppen eingeteilt. Wenn ein Kind zu viel ist, wird es zusammen mit der Erzieherin als „Kontrolleur" eingesetzt. Wenn ein Kind zu wenig ist, spielt die Erzieherin in einer Gruppe mit. Die Kinder sitzen nebeneinander auf dem Boden. Am Anfang der Reihe steht ein Stuhl mit Gegenständen, am Ende der Reihe steht ein Stuhl, auf dem die Gegenstände am Ende des Spiels liegen sollen. Wenn das Startzeichen ertönt, nimmt das erste Kind der Reihe einen Gegenstand und gibt ihn weiter; das letzte Kind legt ihn auf den Stuhl neben sich. Das erste Kind bestimmt das Tempo des Nehmens und Weitergebens. Die Gruppe, die zuerst alle Gegenstände durchgegeben hat, gewinnt.

Anmerkungen:

- Das jeweils erste und letzte Kind jeder Gruppe kann auf seinen Knien sitzen oder stehen. So können sie das Spiel besser überblicken.
- Sorgen Sie dafür, dass die Gegenstände nicht vom Stuhl rollen können.

Variationen:

- Sobald das letzte Kind den Gegenstand auf den Stuhl gelegt hat, winkt es dem ersten Kind zu. Erst dann darf das erste Kind den nächsten Gegenstand nehmen und weitergeben.
- Das Spiel wird mit einem Schiedsrichter gespielt. Ersetzen Sie den letzten Stuhl durch Kinder, die die Gegenstände annehmen müssen. Die Erzieherin spielt an letzter Stelle.

Streck die Beine

Material

nichts nötig

Durchführung

in der Gruppe

Spieldauer

2 bis 5 Minuten

Die Kinder sitzen im Kreis. Wenn die Erzieherin mit dem Daumen nach oben zeigt, stellen sich alle aufrecht hin. Wenn der Daumen nach unten zeigt, setzen sich alle hin.

Variationen:

- Wenn alle sitzen, werden einem Kind die Augen verbunden. Die Erzieherin zeigt nun mehrere Male nach unten und nach oben. Das Kind mit den verbundenen Augen muss dann raten, ob die anderen sitzen oder stehen. Rät das Kind richtig, bekommt es Applaus.
- Falls die Übung schnell geht, kann eine Bewegung hinzukommen, zum Beispiel den Daumen drehen. Das bedeutet: einmal herumdrehen. Dies kann sowohl im Stehen als auch im Sitzen ausgeführt werden.

Die Busfahrt

Material

Stühle, Bilder, ein Bild mit einem Kreis und ein Bild mit einem Kreuz

Durchführung

in der Gruppe

Spieldauer

3 bis 5 Minuten

Die Erzieherin setzt ihren Stuhl in den Gruppenraum. Links hängt ein Bild mit einem Kreuz, rechts mit einem Kreis. Sie ruft alle Namen der Kinder auf und ordnet sie jeweils dem „Kreis" oder dem „Kreuz" zu. Das muss nicht immer in der gleichen Reihenfolge geschehen. Wenn alle in zwei Reihen hinter der Erzieherin sitzen, ist der Bus bereit für eine abenteuerliche Fahrt.

Die Wegbeschreibung:

Wir fahren los. Schau mal nach draußen. Da fliegt ein … (Zeigen Sie ein Bild). Aufgepasst! Wir machen eine scharfe Kurve nach links. (Legen Sie sich mit ihrem Oberkörper in die Kurve.) Nun geht es wieder weiter geradeaus. Ui, da läuft ein Hund über die Straße. (Zeigen Sie das Bild durch die Frontscheibe. Der Hund kann ggf. durch ein anderes Tier ersetzt werden.) Ich muss bremsen. Haltet euch fest … iiiiiiiiittttttt (bremsen: Beugen Sie sich mit dem Oberkörper nach vorne). Ein Glück. Wir haben ihn nicht angefahren. Wir können wieder weiter. Schaut mal nach draußen. Könnt ihr etwas sehen? (Zeigen Sie hier ein Bild.) Oh, hoppla, die Straße ist hier nicht so gut. Es sind tiefe Löcher darin. Da müssen wir langsam drüberfahren. (Bewegen Sie sich mit ihrem Körper langsam hoch und runter.) Hier müssen wir zwischen Pfosten hindurchfahren. (Slalom fahren, auch mit dem Oberkörper.) Hier ist das Ende der Baustelle. Jetzt kommen wir wieder auf eine normale Straße. Wo sind wir jetzt? (Zeigen Sie ein Bild, auf dem steht, mit welcher Aktivität die Kinder beginnen sollen. Sie können auch ein Bild von dem Ort zeigen, den sie erreicht haben.) Endlich, wir sind in … angekommen. Die Bustüren öffnen sich. Aussteigen!

Variation:

Die Busfahrt kann schnell oder langsam ausgeführt werden, halten Sie das Tempo jedoch nicht zu hoch.

Das fliegende Taschentuch

Material

ein Papier-
taschentuch
für jedes Kind

Durchführung

einzeln

Spieldauer

2 bis 5 Minuten

Die Erzieherin gibt jedem ein Papiertaschentuch.

Mögliche Übungen:

- Halte das Taschentuch über deinen Kopf und puste, sodass es in der Luft bleibt.
- Lege das Taschentuch auf deinen Kopf / die Hand und laufe herum, ohne dass es herunterfällt.
- Lege das Taschentuch auf den Boden und puste, sodass es sich von der Stelle bewegt.
- Laufe mit dem Taschentuch auf dem Bauch herum, ohne dass es herunterfällt.
- …

Anmerkungen:

- Geben Sie jedem Kind eine Lage des Papiertaschentuches, wenn es aus zwei Lagen besteht.
- Weisen Sie die Kinder darauf hin, dass das Papiertaschentuch nicht reißen darf.

Timpe, tampe, Zaubermann

Material

nichts nötig

Durchführung

in der Gruppe

Spieldauer

2 bis 5 Minuten

Die Kinder stehen im Kreis.
In der Mitte steht der Zauberer.

Der Kreis singt:

Timpe, tampe, Zaubermann,
zeig uns, was du zaubern kannst.
Timpe, tampe, Zaubermann,
wir sind bereit.

Der Zauberer antwortet:

Hatschi, kille, kille, knatschi,
bumm, bimm, bamm, basi,
Löwenzahn.
Ich mache aus euch …
(zum Beispiel) Elefanten,
Bimm, bamm, bumm.

Variation:

Krokodile / große Bäume / Pilze / freche Hexen …

Erkunde den Gruppenraum!

Material

Gruppengegenstände

Die Erzieherin baut aus verschiedenen Gegenständen einen Parcours: Stühle, Tische, Bänke, Körnerkissen, ein Seil, Kissen …
Einige Kinder durchlaufen den Parcours, während die anderen Kinder zuschauen.
Danach sind sie an der Reihe!

Durchführung

einzeln

Spieldauer

2 bis 5 Minuten

Variation:
Beschreiben Sie den Parcours mit Fantasie: der Tisch wird zum Beispiel zu einem Berg, ein Seil zu einem Bach …

Dosen rollen, schieben …

Material

runde Pappdosen, die man rollen, schieben, werfen und auffangen kann

Durchführung

einzeln

Spieldauer

3 bis 5 Minuten

Die Kinder führen mit den Dosen die Anweisungen der Erzieherin aus.

Mögliche Anweisungen:

- rollen (und hinterherlaufen);
- schieben (zum Beispiel hüpfend vorwärtsschieben);
- hochwerfen und auffangen;
- hinübersteigen (auf Zehenspitzen / mit großen Schritten / rückwärts);
- hinüberspringen (auf einem Bein / mit beiden Füßen gleichzeitig);
- …

Kleider an!

Material

Verkleidungen oder die Kleidung der Kinder

Durchführung

einzeln

Spieldauer

2 bis 5 Minuten

Die Erzieherin erzählt, wie das Wetter ist. Wenn es draußen warm ist, trägt man andere Kleidung, als wenn es kalt ist. Zieht euch gut an.

Mögliche Anweisungen:

- Es ist sehr kalt. Ziehe deine Jacke an, setze deine Mütze auf, ziehe den Schal und deine Handschuhe an.
- Es wird wärmer. Ziehe deine Wintersachen aus, aber behalte deine Hose und den Pullover an.
- Es wird sehr warm. Ziehe deinen Pullover aus und setze deine Sonnenbrille auf.
- Es wird immer kälter. Ziehe so viel Kleidung wie möglich an.
- Es beginnt zu regnen. Setze deine Mütze auf und öffne deinen Regenschirm.

Disco

Material

rhythmische Musik

Die Kinder suchen sich einen Platz im Gruppenraum, wo sie jeder sehen kann.
Jeder tanzt so zu der Musik, wie er mag.
Wenn die Erzieherin auf jemanden zeigt, tanzen alle Kinder so, wie das ausgewählte Kind.

Durchführung

einzeln

Spieldauer

2 bis 5 Minuten

Hokus Pokus

Material

Zauberstab

Durchführung

einzeln

Spieldauer

3 bis 5 Minuten

Die Erzieherin hat einen Zauberstab. Sobald sie einen Zauberspruch gesagt hat, verwandeln sich die Kinder in Katzen und machen das, was die Erzieherin sagt. Nach einem weiteren Zauberspruch verwandeln sich die Kinder zurück in stille Kinder.

Mögliche Anweisungen:

- auf Händen und Füßen laufen;
- auf dem Rücken liegen, sodass sie sich ihren Bauch kraulen können;
- eine Maus jagen;
- die Pfoten lecken;
- unter die Tische kriechen;
- …

Variation:

Die Kinder können auch andere Tiere nachahmen. Wählen Sie typische Bewegungen dieser Tiere zum Nachahmen.

Blasen blasen

Material

Seifenblasen-
dosen

Durchführung

einzeln

Spieldauer

3 bis 5 Minuten

Die Erzieherin bläst Seifenblasen. Die Kinder versuchen, die Seifenblasen zu fangen.

Variation:
Einige der Kinder blasen zusammen mit der Erzieherin die Seifenblasen.

Tag und Nacht

Material

zwei große Bilder mit der Sonne und dem Mond

Durchführung

einzeln

Spieldauer

3 bis 5 Minuten

Die Erzieherin hat zwei Bilder: eins mit der Sonne und eins mit dem Mond. Wenn sie das Bild mit der Sonne zeigt, dürfen die Kinder spielen. Das Bild mit dem Mond bedeutet, dass es Nacht ist. Dann schlafen die Kinder.

Die Vögel

Material

zwei Bänder
pro Kind

Durchführung

einzeln

Spieldauer

3 Minuten

Die Erzieherin gibt jedem Kind zwei Bänder.
Diese sollen die Flügel eines Vogels darstellen.
Die Kinder fliegen durch den Gruppenraum.
Mit großen Flügelschlägen können sie weit fliegen.
Mit kleinen Flügelschlägen können sie nicht so weit fliegen, sich aber umsehen.
Die Erzieherin gibt Anweisungen.

Variationen:

- Mache große Bewegungen.
- Mache kleine Bewegungen.
- Fliege voraus, weit weg oder nahe.
- Fliege schnell, weit weg oder nah heran.
- Fliege langsam, weit weg oder nah heran.
- Schaue dich um, während du fliegst.
- …

Siamesischer Wechsel

Material

nichts nötig

Durchführung

zu zweit

Spieldauer

3 bis 5 Minuten

Die Kinder laufen durch den Gruppenraum.
Wenn die Erzieherin in ihre Hände klatscht, bleiben sie still stehen. Die Kinder bekommen dann gesagt, wie sie sich gegenüberstehen sollen.

Mögliche Anweisungen:

– mit den Füßen gegen die eines anderen Kindes,
– mit den Händen gegen die eines anderen Kindes,
– mit dem Rücken gegen den eines anderen Kindes,
– mit dem Bauch gegen den eines anderen Kindes,
– mit dem Po gegen den eines anderen Kindes,
– …

Variation:

Kombinieren Sie zwei verschiedene Körperteile:

– mit dem Rücken gegen den Bauch eines anderen Kindes, mit der Hand gegen den Fuß eines anderen Kindes,
– …

Folge den Seilen!

Material

einige lange Seile

Durchführung

einzeln

Spieldauer

3 bis 5 Minuten

Die Erzieherin legt mehrere Wege aus Seilen im Gruppenraum aus. Die Kinder folgen den Wegen. Hier gibt es verschiedene Möglichkeiten.

Variationen:

- vorwärtslaufen,
- kriechen,
- seitwärtsgehen,
- rückwärtskriechen,
- rückwärtsgehen,
- auf Händen und Füßen krabbeln,
- rückwärts auf Händen und Füßen krabbeln,
- schleichen,
- …

Ballonstaffel

Material

einige Ballons

Durchführung

in Gruppen
von etwa acht
Kindern

Spieldauer

2 bis 5 Minuten

Die Erzieherin teilt die Kinder in gleich große Gruppen ein. Jede Gruppe besteht aus ungefähr acht Kindern, hintereinander aufgestellt in einer Reihe.
Das erste Kind jeder Gruppe bekommt einen Luftballon. Auf das Startzeichen hin muss das Kind den Ballon über den Kopf hinweg an das Kind hinter ihm weitergeben. Das letzte Kind in der Reihe läuft mit dem Ballon nach vorne und stellt sich an die erste Stelle. Das Spiel beginnt dann wieder von vorne.
Wenn das zuerst gestartete Kind wieder an erster Stelle steht, ist das Spiel vorbei.
Die Reihe / Gruppe, die das zuerst schafft, hat gewonnen.
Die Erzieherin macht das Spiel mit einer Gruppe vor.

Variationen:

- Der Luftballon wird durch die Beine weitergegeben.
- Der Luftballon wird abwechselnd über den Kopf hinweg und durch die Beine weitergegeben.

Suche deinen Platz

Material

nichts nötig

Durchführung

einzeln

Spieldauer

4 Minuten

Die Kinder stehen im Kreis.
Sie bekommen eine Nummer gesagt,
die sie sich merken müssen.
Ein Kind steht in der Mitte des Kreises.
Die Erzieherin nennt zwei Nummern.
Die beiden Kinder mit den Nummern müssen so schnell wie möglich die Plätze tauschen. Gleichzeitig versucht das Kind in der Mitte, sich auf einen der freien Plätze zu stellen. Das Kind, das keinen Platz bekommen hat, stellt sich jetzt in die Mitte des Kreises.
Die Erzieherin macht das Spiel mit einigen Kindern vor.

Der siamesische Zwilling

Material

nichts nötig

Die Erzieherin macht aus den Kindern siamesische Zwillinge. Sie dürfen sich selbst aussuchen, wie sie miteinander verbunden sein möchten. So laufen sie durch den Gruppenraum. Die folgenden Anweisungen sollen sie zusammen ausführen, ohne sich loszulassen.

Durchführung

zu zweit

Mögliche Anweisungen:

- Geht in die Knie.
- Setzt euch hin und steht wieder auf.
- Dreht euch einmal herum.
- Geht rückwärts.
- Kratzt den Rücken eures Zwillingsbruders oder eurer Zwillingsschwester.
- …

Spieldauer

3 bis 5 Minuten

Variation:

Wenn die Kinder das Wort „BUMM" hören, dürfen sie sich an einer anderen Stelle aneinander festkleben.

Seiltänzer

Material

ein Seil
pro Kind

Durchführung

einzeln

Spieldauer

3 bis 5 Minuten

Die Erzieherin legt Seile oder Bänder im Gruppenraum aus. Die Kinder spielen jetzt Seiltänzer.
Sie gehen über das Seil, ohne herunterzufallen.

Variationen:

- Laufe über das Seil.
- Laufe hopsend über das Seil.
- Hüpfe über das Seil (auf einem oder zwei Beinen).
- Laufe rückwärts.
- Laufe seitwärts.
- …

Das Wattebauschspiel

Material

einige Wattebäusche

Durchführung

Gruppen von 4 Kindern

Spieldauer

2 bis 5 Minuten

Die Erzieherin teilt die Kinder in Vierergruppen ein.
Jede Gruppe setzt sich an einen Tisch, auf dem in der Mitte ein Wattebausch liegt. Auf das Startzeichen hin versuchen die Kinder, den Wattebausch an die jeweils gegenüberliegende Seite des Tisches zu pusten.
Kommt der Wattebausch in ihre Nähe, müssen die Kinder so fest pusten, dass der Wattebausch nicht an ihrer Seite des Tisches herunterfällt. Wenn der Wattebausch trotzdem auf den Boden fällt, legen sie ihn zurück in die Mitte des Tisches. Dann beginnt das Spiel von vorne.
Die Kinder dürfen nur pusten, jedoch keine Hände benutzen.
Die Erzieherin macht das Spiel mit einer Gruppe vor.

Verstecke deinen Körper

Material

nichts nötig

Durchführung

einzeln

Spieldauer

3 bis 5 Minuten

Die Erzieherin gibt Anweisungen. Die Kinder führen sie so schnell wie möglich aus.

Mögliche Anweisungen:
- Verstecke die Hände.
- Verstecke die Augen.
- Verstecke den Rücken (z. B. auf den Rücken legen).
- Verstecke den Bauch (z. B. auf den Bauch legen).
- Verstecke die Füße.
- …

Variationen:
Ändern Sie die Formulierungen Ihrer Anweisungen:
- Ich möchte keine Hände und keinen Bauch mehr sehen.
- Ich möchte nur den Bauch, die Beine und den Kopf sehen.

Haltet den Dieb!

Material

eine Spielzeugmünze

Durchführung

in der Gruppe

Spieldauer

5 Minuten

Zwei Kinder sind Polizisten. Die anderen Kinder spielen Diebe. Sie stehlen Geld, werden aber von der Polizei erwischt. Deswegen geben die Diebe das Geldstück weiter. Wenn einer der Polizisten „Hände hoch!" ruft, halten die Diebe ihre Hände mit geschlossener Faust nach oben. Die Polizisten müssen raten, wer das Geldstück hat. Wer richtig rät, ist ein kluger Polizist. Danach werden neue Polizisten ausgewählt.
Die Erzieherin macht das Spiel mit einigen Kindern vor.

Der Schatten

Material

nichts nötig

Durchführung

zu zweit

Spieldauer

3 bis 5 Minuten

Die Erzieherin bindet immer zwei Kinder aneinander. Dann stellen sich die Kinder hintereinander. Zu zweit bewegen sie sich durch den Gruppenraum: laufen, kriechen, schleichen …
Das Kind, das vorne steht, darf aussuchen. Das Kind, das hinten steht, macht das andere Kind nach.
Wenn die Erzieherin in ihre Hände klatscht, tauschen die Kinder die Plätze.

Durch die Tore

Material

Musik

Durchführung

zu zweit

Spieldauer

3 bis 5 Minuten

Die Kinder stellen sich in einem ungefähren Abstand von einem halben Meter in zwei Reihen gegenüber auf. Sie strecken die Arme nach vorne und halten sich an den Händen. Die Erzieherin bestimmt den Beginn der Reihe. Die Kinder, die an letzter Stelle in der Reihe stehen, lassen die Hände los. Wenn die Musik zu spielen beginnt, laufen sie durch die Tore. Wenn sie durch die Tore hindurchgelaufen sind, laufen die Kinder los, die jetzt am Ende der Reihe stehen. Vorne wächst die Reihe durch die jeweils neuen Tore der durchlaufenden Kinder.

Variationen:

- Die Kinder laufen auf Händen und Füßen. Teilen Sie die Kinder hierzu in zwei Gruppen ein.
- Die Musik wird zwischendurch unterbrochen. Wenn die Musik aufgehört hat zu spielen, drehen sich die Kinder, die gerade durch die Tore laufen, um und laufen zurück in die Richtung, aus der sie kamen.

Auftauen und Einfrieren

Material

ruhige Musik

Durchführung

einzeln

Spieldauer

3 bis 5 Minuten

Die Kinder suchen sich einen Platz im Gruppenraum. Die Erzieherin lässt die Kinder zu einem Standbild einfrieren. Sie führen die Anweisungen der Erzieherin aus.

Ihr beginnt aufzutauen.
Ihr könnt eure Körperteile wieder bewegen:
erst langsam, dann schneller.
Es wird langsam wärmer.
Die Finger tauen auf,
dann die Füße, die Arme, der Kopf, die Beine, der Bauch, die Schultern, die Knie …
Es beginnt wieder zu frieren.
Der Körper wird kälter und lässt sich immer schwerer bewegen. Ihr könnt die Arme, den Bauch, den Kopf, die Beine … nicht mehr bewegen.

Variation:

Lassen Sie die Kinder aus verschiedenen Posen heraus starten.

Die Aufkleber

Material

nichts nötig

Die Erzieherin bindet die Kinder aneinander.
Sie setzen sich hintereinander. Das vordere Kind umfasst die Knöchel des Kindes hinter ihm. Das hintere Kind setzt die Hände hinter sich auf den Boden. So versuchen sie, vorwärtszukommen. Wenn die Erzieherin in ihre Hände klatscht, tauschen sie die Plätze.

Durchführung

zu zweit

Spieldauer

3 bis 5 Minuten

Variationen:

- Der Po darf den Boden während des Laufens ein wenig berühren.
- Der Po darf den Boden während des Laufens nicht berühren.
- Genau wie oben, aber dieses Mal mit dem Bauch nach unten;
- einander eine Hand geben und gemeinsam auf einem Bein hüpfen;
- sich nebeneinander stellen, die Füße aneinander, und zusammen wie siamesische Zwillinge bewegen.

Zeitungsspiel

Material

Zeitungen

Durchführung

einzeln

Spieldauer

3 bis 5 Minuten

Die Kinder bekommen jeder einen Teil der Zeitung.
Auf ein Zeichen der Erzieherin machen sie Übungen.

Mögliche Anweisungen:

Laufe mit der Zeitung auf dem Kopf herum:

- herumdrehen;
- hinsetzen;
- rückwärtslaufen;
- …

- Laufe mit der Zeitung unter dem Arm, unter dem Kinn, zwischen den Beinen.
- Stelle dich breitbeinig über die Zeitung.
- Krieche mit der Zeitung auf dem Rücken zu … (einem Ort).
- Stelle dich auf einem Bein auf die Zeitung.
- Setzte dich auf die Zeitung.
- Hüpfe mit der Zeitung zwischen den Beinen.
- Stelle dich mit den Händen und Füßen auf die Zeitung.
- Mache eine Brücke über die Zeitung.
- Mache einen Ball aus der Zeitung:
  - hochwerfen und wieder auffangen …
  - …

Suche im Gruppenraum

Material

nichts nötig

Durchführung

einzeln

Spieldauer

3 bis 5 Minuten

Die Erzieherin nennt Gegenstände / Personen im Gruppenraum. Die Kinder laufen so schnell sie können dorthin.

Mögliche Anweisungen:

Laufe schnell zu …

- einer Tür,
- einem Stuhl,
- einem Tisch,
- einem Schrank,
- einer Bank,
- der Erzieherin / zu mir,
- …

Die Kobolde

Material

nichts nötig

Durchführung

einzeln

Spieldauer

3 bis 5 Minuten

Die Kinder suchen sich einen Platz im Gruppenraum. Sie spielen Kobolde. Sie machen nach, was in der Geschichte erzählt wird.

Wir Kobolde wandern durch den Wald. Dort liegen viele Blätter auf dem Boden. Sie knacksen und rascheln unter den Füßen. Das finden wir sehr schön! Wir wühlen mit den Füßen darin, bis die Blätter alle hochfliegen. Wir versuchen, Blätter in der Luft zu fangen. Die meisten Blätter liegen wieder auf dem Boden. Dann nehmen wir einen ganzen Haufen Blätter vom Boden und werfen sie ganz hoch in die Luft. Sie wirbeln wieder nach unten und wir versuchen, sie zu fangen. Wir bleiben still stehen, um doch noch eins aufzufangen. Ja … geschafft! Und dann hören wir immer noch Blätter rascheln. Wie kann das sein? Da kommen Gänse, Hühner und Enten. Wir haben eine Tüte mit Brot und streuen Brotkrumen auf den Boden. Die Enten, Gänse und Hühner freuen sich und lassen sich gerne über den Kopf streicheln. Plötzlich fängt die Sonne ganz stark an zu scheinen. Wir nehmen unsere Koboldsonnenbrille und setzen sie auf. Es ist schön, in der warmen Sonne zu laufen. Wir tanzen in der Sonne. Wir geben einem Freund die Hand und tanzen. Wir laufen wieder weiter. Es liegen viele Äste auf dem Boden. Wir heben einen Ast auf und malen schöne Dinge in die Erde. Während wir malen, kommen Kaninchen angehoppelt. Wir dürfen auf ihrem Rücken sitzen. Die Kaninchen hoppeln durch den Wald. Wie schön! Schaut mal! Da sind unsere Pilzhäuschen. Wir gehen in unsere Häuschen, um zu schlafen.